Seerose und Wasserfrosch

Ein Biotop wird vorgestellt

Heiderose und Andreas Fischer-Nagel

Seerose und Wasserfrosch

Ein Biotop wird vorgestellt

Kinderbuchverlag Luzern

Heiderose und Andreas Fischer-Nagel
Seerose und Wasserfrosch
Ein Biotop wird vorgestellt

Berücksichtigt neue Rechtschreiberegeln

Für unsere Töchter Tamarica und Cosmea

Bildnachweis: Alle Fotos von Andreas Fischer-Nagel, mit Ausnahme der folgenden:
S.33 re. u., S.35 (Klaus Bogon)
Gestaltung und Satz: Design Werkstatt, Wiesbaden
Katja Rosenberg und Petra Schwarzmann
Reproduktion: Lanarepro
Druck und Bindung: Editoriale

Printed in Italy

ISBN 3-276-00178-0
Bestellnummer 19 00178

Die Deutsche Bibliothek – CIP-Einheitsaufnahme
Fischer-Nagel, Heiderose:
Seerose und Wasserfrosch: ein Biotop wird vorgestellt /
Heiderose und Andreas Fischer-Nagel. -
Luzern: Kinderbuchverl., 1997
ISBN 3-276-00178-0
NE: Fischer-Nagel, Andreas:

Inhalt

Am Anfang war das Wasser 6

See, Weiher, Teich und Tümpel 8

Ökosystem Teich 10
- Unterwassersafari 11

Die Pflanzen 12
- Tümpelaquarium 14
- Reis hat gerne »nasse Füße« 15

Der Teich als Lebensraum für Tiere 16
- Lupe und Mikroskop 17

Amphibien 18
- Froschverwandlung 21

Fische 22
- So bastelst du eine Unterwasserlupe 23

Schnecken und Muscheln 24
- Schneckenforschung 25

Insekten 26
- Das »Geheimnis« der Wasserläufer 27
- Libellenzucht 29

Egel 31
- So bastelst du einen Kescher 31

Spinnen 32
- So bastelst du ein Mikroskop 32

Krebse 33

Tiere an den Ufern des Teichs 34

Vögel 36
- Tarnhütte und Reisighütte 37

Winter am Teich 38
- So bleibt dein Teich im Winter eisfrei 39

Naturschutz 40

Am Anfang war das Wasser

Hast du dir schon einmal auf einem Globus angeschaut, wie viel Wasser es auf unserer Erde gibt? Mehr als $^{7}/_{10}$ der Erdoberfläche sind von Wasser bedeckt. Im Wasser hat sich das erste Leben auf unserem Planeten entwickelt. Die ersten Lebewesen waren Meeresbewohner. Aus ihnen sind die meisten Tier- und Pflanzenarten entstanden, die wir kennen. Natürlich ist das schon sehr, sehr lange her, etwa 3 $^{1}/_{2}$ Milliarden Jahre – eine unvorstellbar lange Zeit!

Inzwischen hat sich viel getan auf der Erde. Im Laufe der Zeit verließen einige Meereslebewesen das Wasser und wurden zu Landwesen. Sie stellten ihre Atmung, ihre Ernährungsweise und ihre Lebensgewohnheiten um. Manche von ihnen kehrten dann doch eines Tages wieder ins Wasser zurück. Die Wale zum Beispiel, die aus ihrer Landtierzeit noch die Lungenatmung behalten haben, während sich ihre Körper wunderbar ans Wasser angepasst haben. Und dann gibt es noch die Lebewesen, die zeitweise im Wasser leben und zeitweise an Land. Zu ihnen gehören die Frösche und Kröten, die du an unseren Teichen und Tümpeln, an kleinen Seen und Weihern beobachten kannst. Aber nicht nur Tiere, auch Pflanzen leben im und über dem Wasser. Dazu gehört zum Beispiel der schöne Wasserhahnenfuß, die Seerose und viele verschiedene Algenarten.

Seit 200 Millionen Jahren gibt es dieses Tier, das Triops genannt wird.

Gewässer wie dieses bieten einen vielfältigen Lebensraum für sehr viele Pflanzen- und Tierarten.

Das Leben im Wasser ist vielfältig. Ein einziger Wassertropfen kann unzählige Lebewesen enthalten. Mit dem bloßen Auge sind sie für dich nicht sichtbar. Du brauchst eine Lupe oder noch besser ein Mikroskop, um die kleinen Wesen ganz groß zu sehen. Dann findest du Grünalgen, Kieselalgen, Rädertiere, Wasserflöhe und Larven von Kleinkrebsen. Mit winzigen haarigen Fortsätzen, Geißeln und Wimpern bewegen sie sich fort und schwingen hin und her. Eins dieser Kleinstlebewesen ist das Pantoffeltierchen. Es besteht nur aus einer einzigen Zelle. Es hat einen Mund, mit dem es Bakterien einstrudelt, und ein Verdauungssystem. Es bewegt sich mit seinen Wimpern fort, die seinen ganzen Körper bedecken.

Der Wasserfrosch lauert vom Seerosenblatt aus auf Insekten.

Wasser ist also der Grundstoff des Lebens. Das wunderbare Zusammenspiel von Pflanzen und Tieren, Gasen und Salzen, von Licht und Dunkelheit, Wärme und Kälte macht aus dem einfachen Wasser das Gewässer: den See, den Teich, den Tümpel oder den Weiher.

See, Weiher, Teich und Tümpel

Die Gewässer, die wir aus der Natur kennen, sehen recht unterschiedlich aus. Es gibt Flüsse, Bäche und breite Ströme, die sich durch das Land ziehen. Ihr Wasser ist ständig in Bewegung. Es fließt. Neben diesen fließenden Gewässern gibt es

Der See ist ein großes, natürliches Gewässer. Tümpel (unten) trocknen im Sommer aus.

aber noch die stehenden, die nur eine ganz geringe oder eben gar keine Bewegung haben. Hier lässt nur der Wind ein paar Wellen entstehen oder ein Fisch, der gerade nahe der Oberfläche nach Beute sucht.

Die stehenden Gewässer unterscheiden sich in Größe, Form, Tiefe, Uferbewuchs und Wasserqualität voneinander. Je nachdem, wie sich diese Merkmale verbinden, entsteht ein bestimmtes Ökosystem mit einer ganz bestimmten Pflanzen- und Tierwelt.

Der See ist das größte Binnengewässer, das wir kennen. Seine Wasserfläche ist meist groß und ausgedehnt. Außerdem sind die meisten Seen tief. Beim Baden merkst du, dass flache Gewässer oder die Oberflächen der großen Seen meist warm sind, während es nach unten hin, in der Tiefe, immer kälter wird. Das liegt daran, dass die Sonne nicht so tief in das Wasser eindringt und deshalb nur die Oberfläche erwärmen kann.

Der Weiher ist ein sehr flaches Gewässer mit gleichmäßiger Temperatur. Er ist ganz natürlich entstanden: In einer kleinen Senke, deren Boden das Wasser am Versickern hindert, so dass der Weiher das ganze Jahr über Wasser führt.

Anders als See und Weiher ist der Teich ein künstliches, von Menschen angelegtes Gewässer, wie wir es als Dorfteich, Mühlteich, Ententeich oder Fischteich kennen. Für größere Teiche wurde oft ein Bach gestaut. Zu diesen Gewässern zählt auch jeder Gartenteich.

Der Tümpel ist klein und auf natürliche Weise entstanden. Obwohl er oft nicht das ganze Jahr über Wasser hat, ist ein Tümpel reich an Lebewesen. Im Sommer trocknet er meist aus. Der Boden sieht dann zerklüftet aus wie eine Urlandschaft und du kannst im zurückbleibenden Schlamm gerade noch jene Lebewesen finden, denen das bisschen Feuchtigkeit zum Leben ausreicht. Sie können notfalls sogar eine Trockenzeit überstehen.

Die kleinsten, kurzlebigsten Gewässer sind Pfützen und Wasserlachen. Überall, wo kleine Vertiefungen es ermöglichen, sammelt sich Regenwasser. Selbst mit Wasser gefüllte Spuren von Autos und Traktoren, Regentonnen und Astlöcher bilden winzigste Lebensräume, in denen Schmutz, Staub, Pollen und Vogelkot das nährstoffarme Regenwasser in ein Ökosystem voller Leben verwandeln.

In einer mit Wasser gefüllten Wagenspur (oben) entsteht ein Minitümpel. Unten ein von Menschen angelegter Teich.

Ökosystem Teich

In den Seen, Teichen und Weihern befinden sich grüne Pflanzen, die mit Hilfe des einfallenden Sonnenlichtes aus Wasser, Kohlenstoffdioxid und Nährsalzen nicht nur lebensnotwendigen Sauerstoff herstellen, sondern auch Nährstoffe, die die Wasserpflanzen selbst zum Leben brauchen.

Von den Pflanzen und ihren Nährstoffen leben Tiere. Wenn diese Tiere sterben, sinken sie zu Boden und werden von Bakterien und Pilzen zersetzt. Während diese ihre Arbeit tun, werden neue Nährsalze freigesetzt, aus denen die Pflanzen Nährstoffe herstellen. So schließt sich ein Stoffkreislauf. Alle an ihm beteiligten Lebewesen leben in einem sogenannten biologischen Gleichgewicht. An diesen Kreislauf schließen sich noch viele weitere Kreisläufe an, wir nennen sie Nahrungsketten. Alle Nahrungsketten zusammen bilden ein richtiges Nahrungsnetz.

So interessant kann ein Wasserfloh aussehen, wenn man ihn genau betrachtet.

Die Tiere und Pflanzen einer Nahrungskette, vom kleinsten bis zum größten Teichbewohner, sind voneinander abhängig. Die Wasserflöhe, die sich von winzigen Lebewesen, dem Plankton, ernähren, werden von den Kaulquappen und Würmern gefressen. Diese werden wiederum Opfer von Molchen und Fischen und dem gefräßigen Gelbrandkäfer. Sie alle benötigen die Pflanzen im Wasser als Sauerstoffproduzenten und als Schutz, den sie zum Beispiel zur Fortpflanzung brauchen. Am Ende dieser Kette stehen die Vögel, Reptilien und Säuger, die am Ufer lauern und hoffen, aus dem Wasser etwas erbeuten zu können, und natürlich wir Menschen.

Unterwassersafari

Mit einem Kescher kannst du eine Menge Lebewesen aus dem Wasser nehmen, um sie dir genauer anzusehen. Entleere den Kescher zunächst in eine Schale. Vergiss nicht, dass du auch Wasser hineinfüllen musst, um die Tiere am Leben zu erhalten! Nachdem du die größeren Lebewesen betrachtet hast, kannst du mit einer Lupe* nach den kleineren Ausschau halten. Auch jeder einzelne Tropfen enthält noch unzählige Lebewesen, die so klein sind, dass du nur mit dem Mikroskop* erkennen kannst, wie sie schwimmen und atmen und wie ihr Körper aufgebaut ist. Wenn du das Wasser aus dem Tümpel entnimmst, musst du sehr vorsichtig sein. Stampfe nicht zu sehr am Gewässerrand herum, denn sonst wirbelst du den Boden auf und verscheuchst die Tiere.*

Du kannst auch Pflanzen in Kleinstgewässern finden. Das Wasser, das sich auf den Feldern in den Traktorenspuren sammelt, ist durch den Dünger im Boden besonders nährstoffreich. Hier findest du zahlreiche Grünalgen. Unter dem Mikroskop kannst du außer diesen Algen auch Augen- und Pantoffeltierchen erkennen. Innerhalb von vierundzwanzig Stunden teilen sich Pantoffeltierchen drei bis vier Mal. Das lässt sich toll beobachten. Einfach einen Wassertropfen auf den Objektträger eines Mikroskopes tropfen, ein kleines Deckgläschen darüberlegen und mit ca. 300-facher Vergrößerung betrachten.

** Eine Bauanleitung für einen Kescher findest du übrigens auf S. 31.*
** Auf S. 23 kannst du nachlesen, wie du dir eine Unterwasserlupe basteln kannst.*
** Eine Anleitung für ein selbstgebautes Mikroskop findest du auf S. 32.*

Die Pflanzen

Pflanzen gibt es unter, über, im und am Wasser. Die kleinsten Pflanzen findest du im Plankton. Sie schweben im Wasser. Unter Wasser finden wir zum Beispiel verschiedene Tauchblattgewächse, Hornkraut und Laichkraut. Halb im Wasser, mit Blättern und Blüten aber schon an der Oberfläche, wachsen Teich- und Seerosen. Schilf, Rohrkolben, Binsen, Sumpfdotterblumen und zahlreiche Gräser schmücken den Teichrand. Zeichnet man einen Querschnitt durch den Teich, kann man die Pflanzen genau den verschieden tiefen Bereichen zuordnen. Wir unterscheiden grob in sumpfige Uferzone, Röhrichtgürtel und das offene Wasser.

Mit dem Frühjahr beginnt das Algenwachstum. Kleine Wasserlinsen entwickeln sich schnell und bilden grasgrüne Teppiche. Schwertlilien und Gräser entwickeln Blätter und Blüten. Sobald es wärmer wird, blühen die gelben Sumpfdotterblumen, später auch Sumpfschwertlilien, die verschiedenen Lichtnelken, das Wollgras und die Schlangenwurz, alle Hahnenfußarten, Johanniskraut, Vergissmeinnicht und der zarte Mädesüß.

Sobald es im Herbst wieder kälter wird, welken die Blätter und Blüten unserer Teichschönheiten. Blätter und Zweige sinken nun zum Teichboden herab. Zusammen mit dem Schlamm bereiten sie das Bett zum Überwintern für die vielen kleinen Wassertiere.

Heimisch sind bei uns nur weißblühende Seerosen. Die Seerosenstengel haben Luftkammern.

Das Sumpfknabenkraut steht wie alle Orchideenarten unter Naturschutz.

Zu den untergetauchten Wasserpflanzen zählen alle Algen, Laichkraut, Wasserpest und das wurzellose Hornblatt mit seinen schmalen, nadelähnlichen Blättern und den weißen Sternchen-Blüten.

Zwischen all den Pflanzen auf dem Teich siehst du überall die kleinen Wasserlinsenblättchen schwimmen. Sie enthalten mit Luft gefüllte Hohlräume und schwimmen deshalb wie kleine Luftkissenboote herum.

Besonders schön sind im Mai und Juni die großen, dreiteiligen Blüten der gelb blühenden Wasser-Schwertlilie.

Viele Leute nennen die Wasserlinsen auch Entengrütze, weil Wasservögel die kleinen Linsen gerne fressen.

Im flachen Wasser am Rande des Teichs streckt das bis zu 2,5 Meter hohe Schilf seine Stängel in den Uferschlamm. Zwischen den einzelnen Halmen entsteht eine Menge nährstoffreicher Schlamm.

Die Sumpfdotterblume erfreut uns schon im zeitigen Frühjahr mit ihrer Pracht.

Tümpelaquarium

Je größer ein Aquarium ist, desto besser ist es für sein biologisches Gleichgewicht. Du kannst aber auch kleine Becken wunderschön einrichten und einiges in ihnen beobachten. Einfache Glasbecken sind heute in den meisten Gartencentern und Zoohandlungen so billig, dass du dir sicher selbst eines vom Taschengeld kaufen kannst.

In so einem Becken kannst du Tiere eine Weile beobachten und dann wieder aussetzen. Willst du sie den ganzen Sommer über halten oder zumindest so lange, bis sie sich fertig entwickelt haben, solltest du das Becken möglichst naturnah einrichten. Auf den Boden bringst du eine Schicht sauberen, gewaschenen Sand, darauf Kieselsteine, so dass der Grund ca. 5 cm hoch bedeckt ist. Darauf kannst du nach Belieben weitere Steine, eine Wurzel oder ähnliches legen. Zur Rückseite hin empfiehlt es sich, flache Steine so hinzustellen, dass man die Rückseitenscheibe nicht oder wenigstens teilweise nicht mehr sieht. Pflanzen holst du dir entweder aus einem reich bewachsenen Gartenteich oder dem Gartencenter. Gut geeignet sind: Raues Hornblatt, Pfennigkraut, Tannenwedel, Tausendblatt, Wasserschlauch und Laichkraut.

Damit Insekten, die nur als Larve im Wasser leben, eine Möglichkeit zum Herausklettern haben, ist es notwendig, mindestens in einer Ecke z.B. eine Binse zu pflanzen. Die fertig entwickelten Insekten müssten sonst ertrinken.

Du kannst das Becken mit Leitungswasser füllen, besser ist allerdings Wasser aus einem Teich, denn mit diesem holst du dir bereits unzählige Klein- und Kleinsttiere in dein Aquarium. Lass das Wasser vorsichtig und langsam an Steinen entlang einrieseln, sonst wirbelt es den Boden auf, reißt die Pflanzen heraus und bohrt Löcher in den Boden.

Dein Aquarium sollte hell stehen, aber nicht von der Sonne beschienen werden. Willst du lange Freude an klarem Wasser haben, ist eine kleine Außenfilteranlage fast unumgänglich.

Solch ein Gerät erhältst du in Zooabteilungen oder -geschäften.

Ebenfalls im Uferbereich rund um den Teich blühen im März die Sumpfdotterblume und im Mai und Juni der Mädesüß mit seinen weiß-gelben Blüten. Die Pflanze mit den lockeren Rispen liebt feuchten Boden, Sümpfe und Teichränder.

Eine typische Teichpflanze ist auch der Rohrkolben. Seine Blätter sind lang und bandförmig, je nach Art breit oder schmal. Besonders auffällig sind seine braunen, dicken, samtig aussehenden Fruchtstände, die im Frühling aufplatzen und Tausende seiner haarigen Samen durch die Luft wirbeln lassen.

An sumpfigen Ufern wächst eine ganz besondere Pflanze, das Wollgras. Auf zarten, dünnen Stengeln wehen richtige Watteböllchen im Wind hin und her. Wollgras ist in der Natur sehr selten und es ist schön, wenn du eine gekaufte Staude an deinem kleinen Teich einpflanzen kannst.

Eine typische Pflanze an den Ufern des Teichs oder in kleinen, verlandenden Gewässern ist der Rohrkolben.

Reis hat gerne »nasse Füße«

Eine schöne Sumpfpflanze, die du selbst züchten kannst, ist der Reis. Reis wächst in der Flachwasserzone bis maximal fünfzehn Zentimeter Wassertiefe. Du kannst die ungeschälten Reiskörner in kleine Töpfe mit einem Gemisch aus Sand und Lehm säen. Diesen Topf stellst du dann in ein kleines Plastik- oder Glasaquarium und füllst es bis über den Reistopfrand mit Wasser. Bald kannst du beobachten, wie der Reis keimt und größer wird. Ende Mai kannst du ihn in den Teich pflanzen, wo die Pflanze bis zu siebzig Zentimeter hoch werden kann.*

** Ungeschälten Reis gibt es in Naturkostläden.*

Der Teich als Lebensraum für Tiere

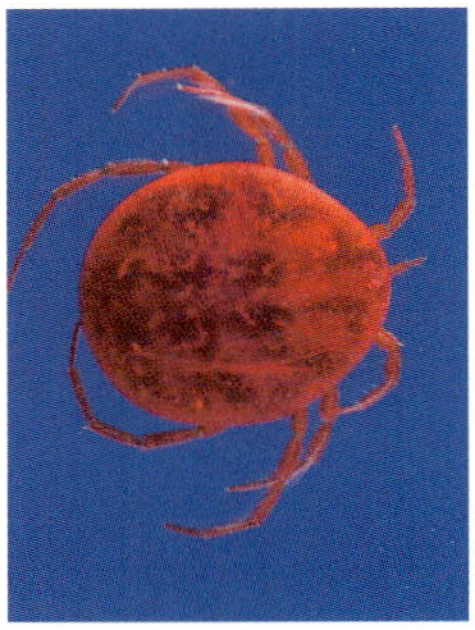

Die Kugelmilbe ist mit den Spinnen verwandt.

Im und am Wasser kannst du viele kleine und große Tiere betrachten. Je größer ein Gewässer ist, desto mehr verschiedene Arten von Lebewesen sind darin zu finden. Kleine Krebstiere, Hüpferlinge, Wasserflöhe, Würmer, Schnecken, Käfer, Insekten, Libellenlarven, Frösche, Kröten und Molche leben im Wasser und bevölkern die unterschiedlichen Schichten des Teiches. In der Nähe des Wassers begegnen uns andere, wasserliebende Tiere, wie Bisam, Iltis oder Wasserspitzmaus, Wasserratten und Vögel.

Im Frühling, wenn die Sonne den Boden und das Wasser erwärmt, kommen viele Tiere aus ihrem Versteck. Molche, Frösche und Kröten unternehmen weite Wanderungen, um im Wasser ihre Eier, den Laich, abzulegen. Auch Kleinstlebewesen werden nun munter, kurz danach kommen die unzähligen Käfer, Libellen und Schmetterlinge.

Mit dem Einsetzen des Hochsommers wird es wieder ruhiger. Manche haben den Teich bereits verlassen oder sind von anderen Tieren gefressen worden. Während des Sommers haben die Frösche und Kröten ihre Entwicklung abgeschlossen. Sie gehören von nun an zu den Landlebewesen. Auch Insektenlarven steigen jetzt an Pflanzen empor, um sich zu verwandeln und von nun an durch die Luft zu schwirren.

Die Teichbewohner wechseln – je nach Jahreszeit.

Im Herbst wird es kühler und vor allem dunkler. Es fällt nun viel weniger Licht in den Teich. Viele Tiere verkriechen sich und suchen im und am Teich nach geeigneten Plätzen, um die Zeit mit Eis und Schnee ruhend überdauern zu können.

Der Laubfrosch kann seine Farbe verändern. Wer einen hellblauen findet, hat großes Glück!

Lupe und Mikroskop

Um kleine und sehr kleine Tiere einmal genauer betrachten zu können, benötigst du eine Lupe. Je stärker sie vergrößert, um so teurer ist sie leider meist auch. Es gibt Lupen von 2- bis 18-facher Vergrößerung, wobei man bei Kombinationen verschiedener Lupen sogar bis zu 28 x vergrößern kann.

Für noch viel stärkere Vergrößerungen benötigt man ein Mikroskop. Einfache Mikroskope sind oft schon für 25 bis 50,- DM zu bekommen und wer sich wirklich für die Kleinsttiere im Wasser interessiert, sollte sich schon solch ein Mikroskop zusammensparen oder schenken lassen.

Das Mikroskop besteht aus jeweils zwei optischen Einheiten: dem Objektiv (unten dicht am Objekt) und dem Okular (oben am Auge). Auf beiden ist die Vergrößerung angegeben: z.B. Objektiv 10 x, Okular 5 x, was eine 50-fache Vergrößerung ergibt. Bei einem Objektiv von 20 x und einem Okular von 10 x beträgt die Vergrößerung schon 200 x.

Amphibien

Molche, Kröten und Frösche beobachten wir alle gern. Sie sind leicht zu finden und gut voneinander zu unterscheiden. Das besonders Spannende an ihnen ist, dass sie sowohl auf dem Land wie auch im Wasser leben.

Im Frühjahr, wenn die Natur durch die wärmenden Strahlen der Sonne erwacht, werden auch die Amphibien wieder munter. Sie suchen nun die Gewässer auf, in denen sie selbst geboren wurden, um sich zu vermehren. Laut quakend rufen die Männchen die Weibchen herbei. Sie paaren sich und wenig später legen die Weibchen im Wasser die Eier ab, aus denen sich die lustig aussehenden, schnellwachsenden Kaulquappen entwickeln. In wenigen Wochen verwandeln sich die Quappen zu Fröschen: Die Kiemen und der Schwanz bilden sich zurück. Dafür wachsen kräftige Beine heran und ein Frosch hüpft schließlich an Land.

Der Wasser- oder Teichfrosch ist ein typischer Teichbewohner. Die Wasserfroschlarven werden bis zu sechs Zentimeter lang. Sie sind grünlich marmoriert und haben eine helle, fast weißliche Unterseite. Die Wasserfrösche paaren sich im April / Mai. Bald kannst du ihre fünfhundert bis tausendfünfhundert Eier umfassenden Laichballen finden, die nach kurzer Zeit auf den Grund des Teiches sinken.

Die gelb-schwarze Unterseite der Gelbbauchunke warnt alle: Halt! Ich bin ungenießbar!

Der Grasfrosch unterscheidet sich durch seine runde, stumpfe Schnauze vom Wasserfrosch. Er ist immer braun, nie grün, und zwischen dem Auge und seinem gut sichtbaren Trommelfell dunkelbraun gefärbt. Er frisst Schnecken, Würmer, Spinnen und Insekten.

Links oben: ein Laubfrosch.

Damit sein Ruf weithin hörbar ist, stülpt das Wasserfroschmännchen (großes Bild) seitlich Schallblasen aus.

Die Unken mit ihren gelb oder rot gefleckten Bauchseiten kommen in fast allen Gewässern vor. Sie sind recht klein und haben einen an der Oberseite grau bis braungrün gefärbten, mit vielen Hautwarzen bedeckten Körper. Oft sieht man sie richtig im Wasser hängen, scheinbar reglos. Nur ihre Augen und Nasenlöcher schauen aus dem Wasser. Sie sind sehr scheu und tauchen blitzartig bei der kleinsten Störung in den Schlamm hinab.

Alle Molche haben einen seitlich abgeflachten Schwanz, der ihnen im Wasser als Ruder dient. Molche kannst du wunderbar beobachten. Sie sehen wie kleine Saurier aus, die mit hängenden Beinen aufmerksam durch das Wasser schwimmen. In unseren Teichen gibt es Fadenmolche, Bergmolche, Kammmolche und Teichmolche, die leicht voneinander zu unterscheiden sind.

Rechts: ein Kammmolch im Hochzeitskleid.

Der Fadenmolch ist der kleinste und dünnste Molch. Die Männchen werden ungefähr acht Zentimeter groß, die Weibchen sind ein bisschen größer. Am Schwanzende tragen die Männchen einen fünf bis zehn Millimeter langen, deutlich abgesetzten Faden. Ihr Körper ist braun und dunkel gefleckt und die weißliche, rahmfarbene Unterseite trägt ein gelbes bis orangefarbenes Längsband. Zur Laichzeit hat das Männchen zusätzlich einen Hautsaum auf dem hinteren Rückenviertel, der sich später wieder zurückbildet. Fadenmolchweibchen legen zweihundert bis dreihundert Eier an den Wasserpflanzen ab, verlassen dann irgendwann das Wasser und überwintern auch meist – nicht immer – an Land.

Ein eher seltener Besucher am Teich ist der Feuersalamander. Sein Schwanz ist nicht flach, sondern rund. Er benötigt sehr sauerstoffreiches und kaltes Wasser, was in unseren Teichen eher selten ist. Deshalb kannst du den Salamander nur ausnahmsweise finden. Er ist schwarz glänzend mit auffälligen gelben bis orangefarbenen Flecken. Seine Larven sind unscheinbar braun und schwarz gefleckt. Sie schlüpfen nicht aus Eiern, sondern werden vom Weibchen lebend zur Welt gebracht. Ein gutes Merkmal sind drei hochstehende Außenkiemen und der nach der Körpermitte ansetzende Flossensaum des Schwanzes. Mit etwas Glück hast du vielleicht eines Tages eine solche Larve in deinem Kescher. Dann erkennst und weißt du, was du Tolles gefangen hast.

Oben links: ein Fadenmolch-weibchen.

Mitte: ein Feuer salamander.

Oben: Molchlarve mit Außenkiemen.

Froschverwandlung

Im März suchen die Grasfrösche zur Paarung für zwei bis drei Tage ihre Laichgewässer auf. Dass sie da sind, hörst du an ihren gurrenden, knurrenden Lauten, mit denen die Männchen die Weibchen anlocken. Zur Paarung umklammert das Männchen das Weibchen mit den Vorderbeinen. Kurze Zeit später legt das Weibchen die Eier, über die das Männchen seine milchige, trübe Samenflüssigkeit absondert. Die darin enthaltenen Samenzellen befruchten die Eizellen.

Bald sinken die nur stecknadelkopfgroßen Eier auf den Teichgrund, wo die Eiweißhülle aufquillt, so dass die Eier nun wieder wie kleine Ballons an die Wasseroberfläche steigen. Wenn du deinen Teich im Garten oder Wald jetzt regelmäßig besuchst, kannst du eine spannende Verwandlung beobachten: Schon nach acht bis zehn Tagen schlüpfen die kleinen Grasfroschlarven. Zunächst sehen die Kaulquappen wie kleine Fische aus. Sie haben einen Ruderschwanz und bewegen sich eilig durch das Wasser, um ständig Nahrung aufzunehmen.

Sie wachsen schnell und zeigen bereits mit vier Wochen die Ansätze der Hinterbeine, die nach einer Woche Wachstum fertig entwickelt sind. Nun wachsen die Vorderbeine, während sich der Schwanz langsam zurückbildet. Mit der Fähigkeit, zur Wasseroberfläche zu schwimmen, setzt auch die Lungenatmung ein. Nach siebzig Tagen ist die Metamorphose, wie man diese wunderbare Verwandlung nennt, beendet. Der Grasfrosch ist fertig. Nun kannst du winzig kleine, nur einen Zentimeter lange Mini-Grasfröschchen in der Nähe des Teiches abwandern seheh. Wie eine kleine Armee ziehen sie los, um neue Gewässer zu besiedeln.

Fische

In vielen Gartenteichen siehst du Goldfische in allen Farben und Formen. Nur manchmal werden auch andere Fische in den Zierteichen gehalten. Zu ihnen gehört zum Beispiel das Rotauge oder die Plötze, wie das Rotauge auch genannt wird. Sie hält es auch in schmutzigeren Teichen aus. Ihre großen Schuppen lassen uns zunächst an einen Karpfen denken. Erst, wenn du die roten Brust- und Bauchflossen siehst und die rote Augeniris, weißt du, dass es sich um ein Rotauge handelt.

Das Moderlieschen ernährt sich von Plankton und Kleinkrebsen. Der silbrige kleine Fisch ist an seinem hellblauen Seitenstreifen gut zu erkennen. Obwohl man bei seinem Namen denkt, es würde nur auf dem Teichgrund leben, sieht man es häufig direkt unter der Wasseroberfläche.

Eine besondere Lebensweise hat der in vielen Farben schillernde Bitterling. Er lebt in enger Gemeinschaft mit den bei uns vorkommenden Süßwassermuscheln. Als Wirt ist er für die Larven der Malermuschel ganz wichtig. Er selbst nutzt umgekehrt die Teich- oder Flussmuscheln bei seiner Vermehrung, indem das Weibchen die Eier direkt in die Muschel ablegt. Die Eier gelangen in die Kiemen der Muschel, die nun wie eine Brutmaschine an der Entwicklung der Eier beteiligt ist. Nach drei Wochen schlüpfen die kleinen Bitterlinge, ohne ihre »Brutmaschine« geschädigt zu haben.

Die Eier des Moderlieschens werden vom Männchen betreut.

Elritzen hören sehr gut. Man kann ihnen beibringen, auf einen Pfiff herbeizuschwimmen.

Das Stichlingsmännchen trägt zur Paarungszeit ein silbern-blau-rotes Prachtkleid, mit dem es das Weibchen beeindrucken möchte. Den anderen Männchen seines Schwarms gegenüber ist es sehr angriffslustig und es kommt zu dauernden Kämpfen um die Brutreviere. Aus Pflanzenmaterial, Sand und einem Kitt, den es selbst in den Nieren produziert, fertigt das Männchen ein tunnelförmiges Nest. In dieses Nest lockt es ein Weibchen hinein und bringt es durch Stöße mit seiner Schnauze dazu, fünfzig bis hundert Eier abzulegen. Danach befruchtet es die Eier, verjagt das Weibchen und fächelt den Eiern ständig frisches Wasser zu, um sie mit Sauerstoff zu versorgen. Nach zehn bis vierzehn Tagen schlüpfen die Jungen.

Hier ist der Dreistachlige Stichling zu sehen.

So bastelst du eine Unterwasserlupe

Jedes Kind weiß, dass man sich im Wasser spiegeln kann. Aber genau deshalb können wir nur wenig von den Tieren unter Wasser erkennen.
Für Unterwasserbeobachtungen ist aber nicht gleich eine Taucherbrille nötig. Es genügen Dinge, die es in jedem Haushalt gibt und die praktisch gar nichts kosten: Ein leerer Joghurtbecher, ein Stück Frischhaltefolie und ein oder zwei etwas kräftigere Gummibänder reichen aus, um eine tolle Wasserlupe zu basteln. Aus dem Joghurtbecher schneidest du den Boden heraus, so dass man hindurchsehen kann. Dann legst du die Frischhaltefolie auf eine der beiden Öffnungen und streifst zur Befestigung die Gummis darüber. Was übersteht, schneidest du ab, ziehst die Folie nochmals glatt. Setzt du nun den Becher mit der Frischhaltefolie auf das Wasser und schaust zur offenen Seite in den Becher hinein, wirst du das Leben unter Wasser viel besser beobachten können als zuvor - vorausgesetzt das Teichwasser ist klar.

Schnecken und Muscheln

In fast jedem Teich leben Posthornschnecken. Wenn nicht, kann man sie leicht ansiedeln.

Du kannst in einem Teich viele verschiedene Schneckenarten finden. Sie sind nicht so schön bunt wie die an Land lebenden Schnecken, aber sie sind mindestens so interessant und leicht zu beobachten. Es gibt in unseren Süßgewässern ungefähr zwanzig verschiedene Schneckenarten. Zum Teil atmen die Wasserschnecken mit Kiemen und entnehmen den Sauerstoff zum Leben dem Wasser. Der größere Teil jedoch holt an der Wasseroberfläche Luft. Man teilt die Schnecken deshalb in die Lungenschnecken ein, zu denen die Schlamm-, Teller- und Blasenschnecken gehören, und in die Vorderkiemer, zu denen die interessanten Sumpfdeckelschnecken zählen. Du kannst die Schnecken meist an den Pflanzen beobachten, wo sie sich von Algen, die sich auf den Schwimmblattpflanzen befinden, ernähren. Nicht alle von ihnen sind jedoch Pflanzenfresser. Die Große Schlammschnecke zum Beispiel frisst auch kleine Weichtiere.

Die Posthornschnecke mit ihrem großen, dunkelbraunen bis schwarzen Gehäuse kannst du an ihren fünf Schneckengängen erkennen. Ihr Körper ist schwarz oder leuchtend rot. Sie ernährt sich von Algen, toten Kleinlebewesen und Wasserpflanzen. Ganz leicht kannst du ihre Eigelege finden. Sie kleben als ovale, glibberige Laichballen an den Wasserpflanzen.

Die Sumpfdeckelschnecke hat ein großes, dreißig bis vierzig Millimeter hohes Gehäuse. Es ist dunkel- bis grünbraun, die Fühler sind hellgrau mit kleinen oder großen gelben Flecken. Die jungen Sumpfdeckelschnecken werden lebend geboren und haben schon ein ungefähr acht Millimeter großes Häuschen.
Die Große Sumpfschnecke ernährt sich von toten und frischen Pflan-

zenteilen. Ihr Gehäuse hat sechs bis acht Windungen und sie wird bis zu siebzehn Millimeter breit. Der Körper dieser Schnecke ist schwarzbraun.

Muscheln gehören wie die Schnecken zu den Weichtieren. Sie haben eine noch außergewöhnlichere Körperform als die Schnecken. Vergeblich suchst du den Kopf. Sie öffnen und schließen ihre kalkhaltigen Schalen und nehmen beim Einstrudeln des Wassers kleine Nahrungsteilchen auf. Zur Familie der Flussmuscheln gehört die gelblich bis gelblichgrüne Malermuschel. Sie ist groß und schmal und in stehenden oder nur sehr langsam fließenden Gewässern zu finden. Sie vermehrt sich auf ganz besondere Art: In einem Abschnitt ihrer Kiemen entwickeln sich die Eier. Die aus ihnen schlüpfenden Larven gelangen mit dem Atemwasser auf den Teichboden und werden dort von Fischen, den Bitterlingen, mit der Nahrung aufgenommen. In den Fischen setzen sie sich wiederum an den Kiemen fest und leben dort als Parasiten, also auf Kosten der Fische, zehn Wochen lang. Erst dann verlassen sie ihren Wirt und werden selbstständig.

Teichmuschel und Bitterling – eine untrennbare Lebensgemeinschaft.

Schneckenforschung

Laut Naturschutzgesetz darfst du keine Amphibien aus Naturteichen entnehmen, aber du kannst dir mal die Schnecken genauer ansehen. Es sind wunderbare Aquarientiere, die du beim Abknabbern der Algen beobachten kannst. Interessant sind auch ihre wellenförmigen Bewegungen, die sie an den glatten Scheiben ebenso gut ausführen wie direkt unter der Wasseroberfläche oder über die scharfen Kanten eines Steins. Zu lange solltest du sie jedoch nicht gefangen halten. Der Sauerstoff in deinem Becken könnte vielleicht nicht ausreichen und die Schnecken müssten ersticken.

Insekten

Am Teich findest du viele Insekten. Nicht nur die Mückenschwärme, die in der Abendsonne dicht über der Wasseroberfläche wie in einer Säule hin und her tanzen, sind typisch für den Teich. Es gibt eine ganze Reihe von Insekten, die im Wasser leben oder gar über das Wasser laufen können. Andere leben im dichten Uferbewuchs. Einige von ihnen atmen Luft ein, andere nehmen sie über die Kiemen im Wasser auf und wieder andere können über ihre Haut atmen. Insekten passen sich den verschiedensten Lebensbedingungen an. Außerdem dienen sie sehr vielen anderen Tieren als Nahrung.

Mückenlarven kommen zum Atmen an die Wasseroberfläche.

Oft ärgern wir uns über die Schwärme tanzender Stechmücken. Wer denkt schon, dass es sich bei dieser Ansammlung ausschließlich um Männchen handelt? Sie warten auf Weibchen, die sie schnell umschwärmen und begatten. Doch um die Eier im Wasser ablegen zu können, muss das Weibchen zunächst eine Blutmahlzeit aufnehmen – also stechen uns immer nur weibliche Mücken! Aber Mücken sind nur eine von vielen Insektenarten, die sich dem Leben am Wasser angepasst haben.

Der lustige Wasserläufer gleitet dank der Wasser abweisenden Haarkissen an den Füßen mit seinen Beinen wie mit Inline-Skatern über die Wasserfläche. Er fängt kleine Insekten, die auf die Wasserfläche gefallen sind.

Die Köcherfliegenlarven sind Meister des Selbstschutzes, denn sie bauen sich aus kleinen Materialteilchen, wie Stöckchen, Blättchen, Muschelteilchen und

Der Zwergwasserläufer ist nur 2 mm lang, so dass man ihn nur wie einen Floh übers Wasser huschen sieht.

einem im Körper selbst hergestellten Faden kleine Häuschen, in denen sie Schutz vor Raubfischen finden. Nach und nach vergrößern sie ihre Häuschen, indem sie am oberen Rand anbauen. Nur zum Fressen kommen sie aus dem Häuschen ein Stück weit hervor.

Eine fertig ausgeschlüpfte, nur kurze Zeit lebende Köcherfliege.

Das »Geheimnis« der Wasserläufer

Auf jedem noch so kleinen Gewässer entdeckst du den Wasserläufer. Er flitzt mit ruckartigen Bewegungen über die Wasseroberfläche und bleibt ab und zu stehen, ohne unterzugehen. Wie macht er das – oder weshalb kann er das? Dass der Wasserläufer und viele andere Tiere sich auf dem Wasser fortbewegen können, liegt an einer ganz besonderen Erscheinung, der sogenannten Oberflächenspannung. Wasser besteht aus winzigen Teilchen, die einander mit sehr starken Kräften anziehen. Besonders stark sind diese Kräfte an der Oberfläche. Die Wasseroberfläche wirkt beinahe, als sei sie mit einer dünnen, gespannten Haut überzogen. Auf dieser „Haut" laufen die Wasserläufer ohne unterzugehen.
Du kannst leicht einen einfachen Versuch zur Oberflächenspannung machen: Nimm ein Glas und fülle es vorsichtig ganz mit Wasser, so dass es fast überläuft. Du siehst, wie sich das Wasser über den Rand des Glases wölbt, ohne überzulaufen. Jetzt legst du ganz vorsichtig eine Stecknadel auf die Wasseroberfläche – und siehe da, sie schwimmt, obwohl sie aus schwerem Metall und nicht hohl ist! Lässt du jetzt einen einzigen Tropfen Öl oder Spülmittel ins Wasser tropfen, wird die Oberflächenspannung dadurch schwächer - die Stecknadel geht sofort unter, und über den Rand des Glases wird viel Wasser laufen, das vorher durch die Kräfte an der Wasseroberfläche festgehalten wurde.

Wie viele andere Tiere entwickeln sich auch die Larven der Schwebfliegen im Wasser.

Auch Schwebfliegenlarven leben im Wasser und kriechen erst zur Verpuppung an Land. Mit ihrer Körperzeichnung sehen die erwachsenen Tiere Bienen und Wespen ähnlich.

Wie kleine Hubschrauber fliegen die schillernden Libellen über deinen Teich. Sie sind drei bis zehn Zentimeter lang und haben durchsichtige, mit feinsten Äderchen durchzogene große Flügel, die sie paarweise oder unabhängig voneinander bewegen können. Sekundenlang können diese prächtigen Flieger in der Luft stehen bleiben und sogar rückwärts fliegen. Sie haben große Fassettenaugen und kräftige Kieferzangen. Sie erjagen ihre Beute im Flug und erreichen als vollkommene Flieger auf Kurzstrecken Geschwindigkeiten von bis zu fünfzig Kilometern pro Stunde.

Zur Paarungszeit vollführen Libellen richtige akrobatische Kunststücke. Um das Weibchen zu begatten, das seine Geschlechtsorgane am Ende seines langen Unterleibes hat, muss das Männchen, das seine Geschlechtsorgane in der Körpermitte hat, das Weibchen zunächst am Kopf packen. Das Weibchen biegt nun seinen schlanken Hinterleib zu einem U. Und jetzt ist wieder der Teich ganz wichtig, denn hier, an den Wasserpflanzen, legt das Weibchen nach der Begattung seine Eier ab. Entweder werden die Eier versenkt, indem das Weibchen tief mit dem Hinterleib ins Wasser eintaucht. Manchmal heftet es die Eier auch an die Unterseite von Schwimmblattpflanzen oder streift sie an einem Stein am Ufer ab.

Zur Paarung bilden Libellen – hier die Große Pechlibelle, eine Kleinlibellenart – das sogenannte Paarungsrad.

Eine Libelle schlüpft aus.

Die Larven leben dann räuberisch im Wasser, erbeuten dabei sogar Kaulquappen, kleine Fische und Wasserasseln, bis sie eines Tages an den Wasserpflanzen emporklettern. Schon während der Larvenzeit beginnt ihre Verwandlung. Als Nymphe, wie man die Libellenlarve auch nennt, krabbelt sie eines Tages hoch. Ihre Larvenhaut platzt auf und die Libelle hängt kopfüber ein wenig zerknittert zum Trocknen da. Es dauert eine Weile, bis sie ihre Flügel entfaltet hat und als schillernde Libelle über den Teich fliegt. Eine ähnliche Verwandlung machen viele Insekten durch.

An unseren Teichen findest du zum Beispiel den Blaupfeil, eine große Segellibelle. Aber auch die kleine Adonislibelle mit ihrer blutroten Färbung oder die grünlich gelbe Mosaikjungfer gehören zu den ständigen Teichbesuchern.

Hier ist die Adonislibelle zu sehen.

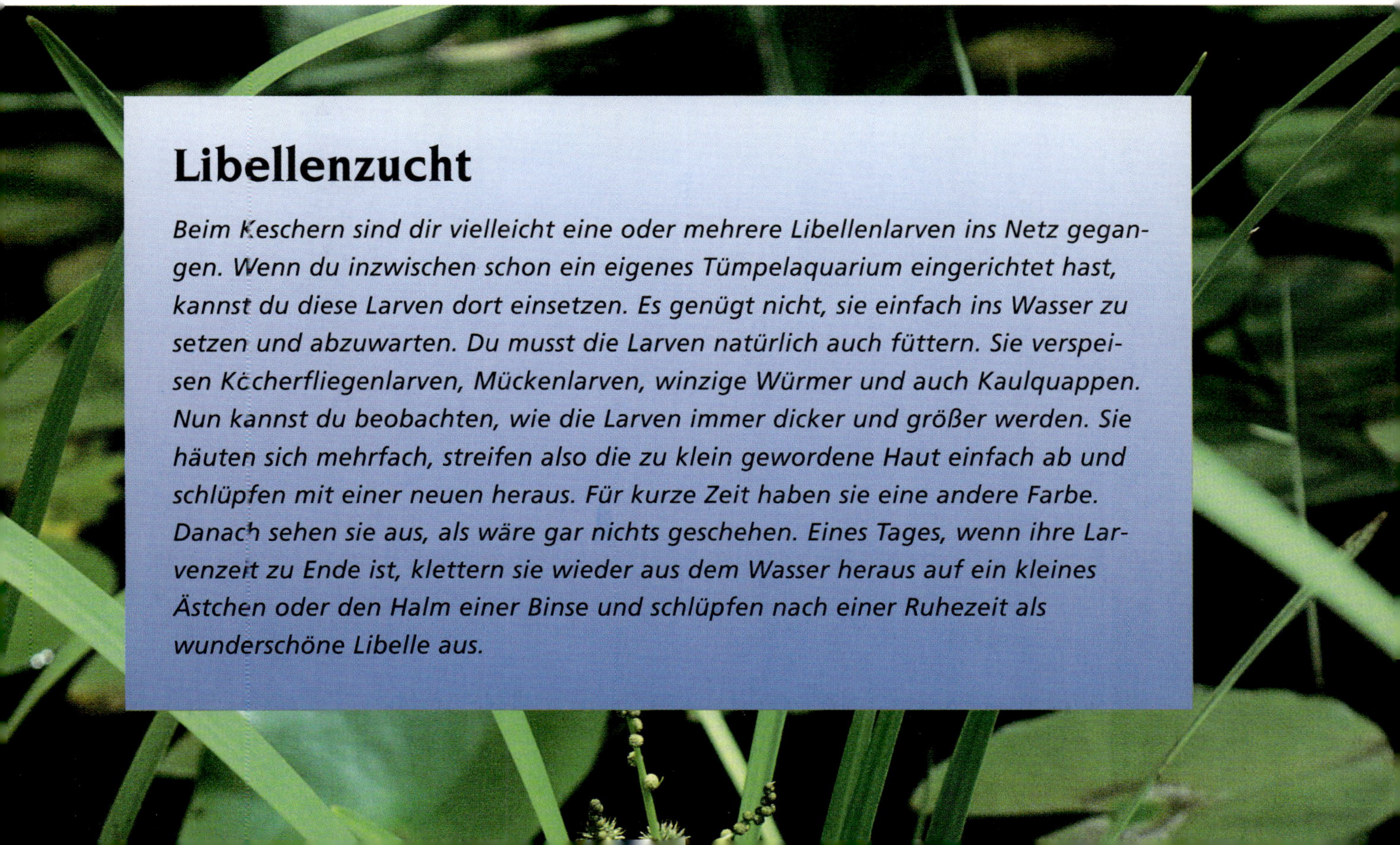

Libellenzucht

Beim Keschern sind dir vielleicht eine oder mehrere Libellenlarven ins Netz gegangen. Wenn du inzwischen schon ein eigenes Tümpelaquarium eingerichtet hast, kannst du diese Larven dort einsetzen. Es genügt nicht, sie einfach ins Wasser zu setzen und abzuwarten. Du musst die Larven natürlich auch füttern. Sie verspeisen Köcherfliegenlarven, Mückenlarven, winzige Würmer und auch Kaulquappen. Nun kannst du beobachten, wie die Larven immer dicker und größer werden. Sie häuten sich mehrfach, streifen also die zu klein gewordene Haut einfach ab und schlüpfen mit einer neuen heraus. Für kurze Zeit haben sie eine andere Farbe. Danach sehen sie aus, als wäre gar nichts geschehen. Eines Tages, wenn ihre Larvenzeit zu Ende ist, klettern sie wieder aus dem Wasser heraus auf ein kleines Ästchen oder den Halm einer Binse und schlüpfen nach einer Ruhezeit als wunderschöne Libelle aus.

Ein auffälliger Wasserkäfer ist der Gelbrandkäfer mit seiner räuberisch lebenden Larve. Dieser Schwimmkäfer bewohnt nahezu alle Gewässer. Die aus einem ziemlich großen Ei schlüpfende Larve ist ein ebenso gefräßiger Räuber wie das ausgewachsene Tier, das sogar Molche, Frösche und Fische überwältigt und vertilgt. Da der fertige Käfer auch fliegen kann, fällt es ihm nicht schwer, stets neue Gewässer zu finden. Er wird deshalb auch bald jeden neu angelegten Gartenteich besiedeln. Wenn die Gelbrandkäfer sich zu stark vermehren, können sie durch ihre Gefräßigkeit großen Schaden anrichten.

Der fertige Gelbrandkäfer ist ebenso wie seine Larve ein gefräßiger Räuber.

Auch wenn der Rückenschwimmer auf den ersten Blick wie ein Käfer aussieht, gehört er zu den Wanzen. Seine mächtigen, stark behaarten Hinterbeine benutzt er als Ruder. Die Lufttaschen in seiner Bauchoberfläche geben ihm Auftrieb und deshalb treibt er meist reglos an der Wasseroberfläche. Sein kielförmiger Rücken trägt dazu bei, dass er mit der Unterseite nach oben durch das Wasser gleitet.

Der glänzend schwarze Taumelkäfer sieht aus wie tätowiert. Überall auf den Flügeldecken hat er Nadelstichreihen. Blitzschnell schwimmt er auf dem Wasser umher. Er besitzt eine hervorragende Orientierung und findet seine Beute schon durch die von ihr ausgehende Wellenbewegung.

Der Wasserskorpion kann direkt unter der Wasseroberfläche laufen. Er hält seine Verbindung nach oben durch ein langes Atemrohr an seinem Hinterteil. So gut hat es der Große Kolbenwasserkäfer nicht. Er muss zum Luftholen extra auftauchen.

Egel

Da schwimmt ein Wurm durchs Wasser. Es ist keiner der kleinen, durchsichtigen Strudelwürmer, (rechts oben) denen man immer ansehen kann, was sie gerade gefressen haben. Es ist auch kein Fadenwürmchen, das vom Teichgrund stammt, wo es die verwesenden Blätter frisst, sondern es sieht eher wie ein platter Regenwurm aus. Die Egel, wie diese platten Würmer heißen, sind entfernt mit den Regenwürmern verwandt, ernähren sich aber räuberisch oder vom Blut anderer Tiere.

Der Fischegel saugt sich an seinen Opfern fest, während der Pferdeegel (rechts unten) ausschließlich von Kleintieren des Teiches lebt und nicht etwa an Pferden Blut saugt! Egel wohnen unter Steinen oder an Wasserpflanzen. Die meisten Egel, die du finden kannst, sind schwarz, braun oder grünlich.
Selten, im Grunde nie, begegnen wir dem Medizinischen Blutegel, der sich vom Blut der Säugetiere ernährt. Früher wurden diese Egel beim Menschen angesetzt, um ihm zur Heilung bestimmter Krankheiten Blut zu entziehen.

So bastelst du einen Kescher

Um einen Kescher zu bauen, brauchst du einen alten Besenstiel oder einen Bambusstab. Dann biegst du ein Stück Draht zu einem Ring und drehst die Enden fest umeinander und um das Ende des Stabes herum. Am besten hält der Draht am Stock, wenn du vorher eine kleine Kerbe in den Stock geschnitzt hast, in die sich das erste Drahtstück legt. Nun fehlt dir nur noch das Netz. Du verwendest dazu eine alte Nylonstrumpfhose oder ein Stück alte Gardine. Wie eine Zipfelmütze musst du den Kescher zunächst zusammennähen und dann an deinem Drahtring befestigen (am Besten fest annähen). Du kannst dir auf diese Weise Kescher in verschiedenen Größen herstellen, je nachdem, wo du sie verwenden willst.

Spinnen

Von allen wasserbewohnenden Spinnen ist die Wasserspinne diejenige, die ausschließlich im Wasser lebt. Damit sie immer genug Sauerstoff zum Atmen hat, fertigt sie aus Spinnfäden eine Art Taucherglocke an, in die sie eine riesige Luftblase einbringt, die sie vorher mit einem Ruck ihrer Hinterbeine unter Wasser gebracht hat.

Die Streckerspinne lebt im Schilf.

Die Wasserspinne lebt und frisst in dieser Luftblase, paart sich und legt ihre Eier darin ab.

Die Listspinne lebt am Ufer des Teiches. Sie jagt ihre Beute aber auch auf der Wasseroberfläche und kann sogar tauchen.

Die Piratenspinne ist wie die Listspinne ein Jäger, der ohne eigenes Netz arbeitet. Besonders bemerkenswert ist, dass sie die Jungspinnen nach dem Ausschlüpfen bis zur ersten Häutung auf dem Rücken herumträgt.

So bastelst du ein Mikroskop

Du kannst dir ein kleines Mikroskop sogar selbst bauen. Du brauchst dafür die kleine Blechschiene aus einem Schnellhefter, etwas Tesafilm, ein einfaches Wasserglas, eine Kugel und einen kleinen runden Spiegel.
Lege den Spiegel auf die Kugel und stülpe das Wasserglas darüber. Nun klebst du mit dem Tesafilm die kleine Blechschiene so weit an den Boden des umgedrehten Glases, dass du ungefähr $^1/_3$ der Schiene umbiegen kannst. So kommt das eine Ende der Schiene mit seinem Loch ungefähr über die Mitte des Glasbodens. Jetzt nimmst du einen großen Tropfen deiner Wasserprobe und beförderst ihn auf das Loch. Der Tropfen wirkt nun wie eine Lupe. In den Spiegel fällt auch so viel Licht, dass du nun die winzigen Wasserflöhe, Hüpferlinge und Mückenlarven sehen kannst. Ist das Bild unscharf, biegst du die Schiene so lange, bis du es am Besten sehen kannst.

Links zwei Radnetzspinnen, oben: Wasserspinne.

Krebse

Die Krebse mit ihren großen Scheren sind in unseren Gewässern selten zu finden. Der kleinste Krebs ist der Flussflohkrebs, der sich manchmal in einen Gartenteich verirrt. Ebenso selten ist der Gewöhnliche Flohkrebs. Nur vierzehn bis zweiundzwanzig Millimeter Länge erreichen die kleinen Krebse. Auch die sehr häufigen Hüpferlinge sind kleine Krebstiere, die im Wasser schwimmen oder schweben oder am Grund des Teiches leben. Sie ernähren sich von Algen, können aber auch die größeren Mückenlarven und Fischbrut überwältigen.

Dagegen sieht der Sumpfkrebs mit seinen zwanzig Zentimetern wie ein Riese aus. Er hat schmale, lange Scheren und liebt stehende Gewässer mit schlammigem Grund.
Er frisst verschiedene Tiere und Wasserpflanzen, aber auch Aas.
Anders als andere bei uns seltene Tiere stellt der Sumpfkrebs keine hohen Ansprüche an die Wasserqualität. Er eignet sich deshalb gut für den Gartenteich, der häufiger trüb ist, wenn das Wasser nicht gefiltert wird, oder der Teich noch nicht genügend Wasserpflanzen aufweist.

Der Wasserfloh Limnadia hat eine durchsichtige Schale.

Oben: ein Flohkrebs.
Unten: ein Flusskrebs mit seinen gewaltigen Scheren.

Tiere an den Ufern des Teiches

Die Reptilien, zu denen unsere einheimische Ringelnatter zählt, stammen von den Amphibien ab. Diese Entwicklung liegt nun schon dreihundert Millionen Jahre zurück. Inzwischen leben die meisten Reptilien an Land, nutzen aber auch das Wasser als Lebensraum, indem sie dort Fische, Frösche und Insekten erbeuten.
Die Ringelnatter ist nicht giftig. Ihr Rücken ist grau mit kleinen schwarzen Flecken, der Bauch schwarz mit weißen Flecken. Ringelnattern lieben Feuchtbiotope und sonnige Gewässer mit dicht bewachsenen Ufern. Wenn ein Garten groß genug ist, viele Beutetiere beherbergt und einen Teich hat, kann sich dort tatsächlich eine Ringelnatter ansiedeln. Ein großes Glück, denn Ringelnattern sind vom Aussterben bedroht.

Im dichten Bewuchs sauberer Gewässer fühlen sich auch kleinere Säugetiere wie die Wasserspitzmaus wohl. Klein und unermüdlich, ist sie tag- und nachtaktiv, jagt nach Schnecken, Würmern, Insekten und Fischen. Die Wasserspitzmaus kann sogar über den Grund des Teiches laufen, vermag zu schwimmen und zu tauchen. In Ufernähe hat sie sich ihren Bau angelegt, der sowohl oberirdische Ausgänge hat, wie auch unter Wasser liegende. In einem gemütlichen, weich ausgepolsterten Wohnkessel bringt sie zwischen April und September zwei- bis dreimal Junge zur Welt. Wasserspitzmäuse sind viel dicker als Hausmäuse. Sie sind samtig dunkelbraun und an den großen, breiten Hinterfüßen erkennbar.

Am und im Wasser entdeckt man auch die Ringelnatter.

Die Teichfledermaus ist inzwischen vom Aussterben bedroht. Nur selten kannst du sie noch sehen. In der Abenddämmerung fliegt das kleine Tier mit den weit aufgespannten Flügeln dicht über der Wasseroberfläche entlang, um Insekten zu erbeuten. Ein wenig häufiger ist die Wasserfledermaus.

Fledermäuse jagen gern über der Wasseroberfläche.
Die Wasserspitzmaus (rechts) jagt sogar im Wasser.

Vögel

Ein Teich ohne Vögel? Das gibt es eigentlich gar nicht. Viele Vögel nutzen den Teich zum Baden, zum Trinken und zum Insektenfangen. Im Röhricht versteckt finden wir viele kleine, kunstvoll gebaute Nester, die wir aus einem Versteck beobachten können.

Blässhuhnnester findet man am Teichrand, die des Haubentauchers (links) sind Schwimminseln.

Rohrsänger brüten gerne im Schilf. Sie bauen Nester, die sie geschickt an den Schilfhalmen aufhängen und befestigen. Im Mai / Juni legen sie vier bis fünf Eier. Die Rohrsängerarten sehen sich sehr ähnlich. Es gibt den Drosselrohrsänger, den Sumpfrohrsänger, den Teichrohrsänger und den öfter am Gartenteich zu findenden Schilfrohrsänger. Die Vögel sind braun, schlank, mit oberseits dunklen und unterseits gelben Schnäbeln.

Auf Teichen, die groß genug sind, beobachtest du auch Stockenten und das schwarze, lustige Teichhuhn. Es sieht ständig aus, als ob es dir zunickt. Aber auch Blässhühner sind relativ häufig. Auch sie sind schwarz, haben aber auf dem Schnabel einen weißen Höcker, die Blässe, der sie ihren Namen verdanken. Sieht man mal von den Schwimmvögeln ab, so ist jeder Teich eine willkommene Tränke für viele Vogelarten und sofern er auch einige Flachwasserbereiche hat, kannst du den Vögeln an heißen Tagen beim Bad zuschauen.

Oben: Grünfüßiges Teichhuhn, rechts: Blässhuhn.

Tarnhütte

Ein Teich, ob man einen kleinen Gartenteich oder einen größeren Teich in der Natur betrachtet, lockt stets auch zahlreiche Vögel zum Baden und Trinken an. Leider sind Vögel recht scheue Tiere und fliegen meist schon weg, ehe wir nah an sie herankommen konnten. Willst du sie trotzdem am Teich beobachten, musst du dich so tarnen, dass du sie, sie aber nicht dich sehen können. Dazu baust du dir am Teich, möglichst dicht neben einem Busch, eine kleine Tarnhütte.
Vier billige Baumpfähle aus dem Baumarkt und ungefähr 6 m dünne Dachlatte geben das Grundgerüst. Die vier angespitzten Pfähle schlägst du im Quadrat im Abstand von ca. 1,5 m in den Boden, oben darauf kommt ringsherum die Dachlatte. Zur Verkleidung kannst du entweder eine Zeltbahn oder alte Decken verwenden. Außen herum befestigst du noch einige Zweige oder Schilfhalme mit Sicherheitsnadeln oder etwas dünnem Draht. In die Wand der Tarnhütte kannst du verschiedene kleine Fenster schneiden, durch die du die Vögel gut beobachten und sogar fotografieren kannst.

Reisighütte

Viel mehr Arbeit als eine Tarnhütte macht die Reisighütte. Das Grundgerüst besteht auch aus vier dicken Stecken, die du in die Erde eingräbst. Zwischen diesen Grundstecken befestigst du eine weitere Anzahl Stecken, biegsame Weidenzweige oder spannst Draht zu einem Gitter. Nun kannst du Gräser und Schilfhalme, Farn und Binsen durch Stecken und Draht flechten, so dass du ein richtiges kleines Naturhaus erhältst.

Winter am Teich

Ein eisiger Wind zieht über das Land. Im Nu sind die letzten Blätter von den Bäumen gefallen, tanzen durch die Luft, schwimmen zum Teil eine kurze Weile auf dem Teich und versinken dann in der Tiefe. Rund um den Teich herum wird es kahl.

Der Frost verwandelt den Teich in eine Märchenlandschaft.

Es ist, als ob alles in einen tiefen Dornröschenschlaf versinkt. Bald verwandelt Raureif die Pflanzenreste in bizarre Gebilde, die wie vereiste Zwerge, Gnome oder Gespenster über die ruhenden Tiere im Teich Wache halten.

Sobald der Schnee fällt, kannst du versuchen, die Spuren der Tiere zu lesen, die rund um den Teich leben und auch im Winter dorthin kommen. Vielleicht ist es ein Fuchs, ein Vogel oder ein winterlich weiß gefärbtes Hermelin. Der erste, einige Tage anhaltende Frost zieht eine dünne Eisschicht über das Wasser. Wie durch ein Fenster schauen wir nun in den Teich, sehen blubbernde Blasen aufsteigen und vielleicht noch den einen oder anderen Fisch.

Bedeckt dann auch noch Schnee die Eisdecke, dringt kein Licht mehr zu den Pflanzen hinab und sie können keinen Sauerstoff produzieren. Doch die Lebewesen im Teich brauchen den Sauerstoff zum Überleben und zum Abbau der im Herbst abgestorbenen Pflanzenteile. Ist der Sauerstoff am Grund des Teiches verbraucht, beginnen die Fäulnisbakterien mit ihrer zersetzenden Arbeit. Sie brauchen den Sauerstoff nicht. Doch für die anderen Teichbewohner bedeutet dies höchste Gefahr! Für sie ist Sauerstoff lebensnotwendig und durch die giftigen Faulschlammgase müssen sie ersticken. Schnell suchen sie jene Stellen im Teich auf, an denen Schilfhalme und Gräser noch eine kleine Verbindung zur Luft halten.

Die Tiere verfallen im Winter in eine Kältestarre und brauchen nur noch wenig Sauerstoff. Dennoch darfst du niemals auf dem Eis herumklopfen oder darauf herumgehen. Du würdest mit diesen Geräuschen die Winterschläfer wecken und aufregen. Sie bräuchten plötzlich mehr Sauerstoff und müssten qualvoll unter der Eisdecke ersticken.

Im Winter schmücken die bizarren Fruchtstände des Rohrkolbens den Teich.

Unter der Eisdecke ist es immer 4 °C.

So bleibt dein Teich im Winter eisfrei

Wenn der Teich im Winter zuzufrieren droht und du Angst hast, dass der Sauerstoff für deine Fische nicht mehr ausreicht, bindest du ein Bündel Stroh zusammen, bindest es an einen Stock und legst diesen so über das Wasser, dass das Strohbündel teilweise ins Wasser hängt. So bleibt das Eis lange Zeit offen und es kann genügend frischer Sauerstoff ins Wasser gelangen.

Naturschutz

Viele der im Wasser lebenden Tiere stehen unter Naturschutz und das Gesetz verbietet es auch, solche Tiere aus der Natur zu entnehmen, um sie im Aquarium oder Terrarium zu halten.

Die Binsenjungfer steht wie alle Libellenarten unter Naturschutz.

Auch Amphibien stehen in all ihren Entwicklungsstadien – hier die Paarung – unter Naturschutz.

So dürfen zum Beispiel keine bei uns heimischen Amphibien, also Kröten, Frösche, Molche und Salamander gefangen und daheim gehalten werden. Dies gilt leider auch für alle Entwicklungsstadien dieser Tiere.

Auch für manche Insekten gilt das, doch gibt es auch Arten, die nicht unter besonderem Schutz stehen. Du kannst sie deshalb fangen, in ein Aquarium setzen und wenigstens das Ausschlüpfen der fertigen Insekten beobachten.

Grundsätzlich solltest du jedes Tier, das du aus seiner natürlichen Umgebung entfernst, auch wieder an seinen Ursprungsort zurücksetzen.